www.ingramcontent.com/pod-product-compliance
Lightning Source LLC
Chambersburg PA
CBHW080605220526
45466CB00010B/3256
9781675169964